LA RELIGION EN CHINE

A PROPOS DU DERNIER LIVRE DE M. A. RÉVILLE

PAR

Mgr DE HARLEZ.

(Extrait du « Magasin Littéraire et Scientifique ».)

GAND

TYPOGRAPHIE S. LELIAERT, A. SIFFER & C

RUE HAUT-PORT, 32

1889

R.F.

LA RELIGION EN CHINE.

861

LA
RELIGION
EN CHINE

A PROPOS DU DERNIER LIVRE DE M. A. REVILLE

PAR

Mgr DE HARLEZ.

(Extrait du « Magasin Littéraire et Scientifique ».)

GAND

TYPOGRAPHIE S. LELIAERT, A. SIFFER & Cie

RUE HAUT-PORT, 52

1889

A petite étude sur *La Religion des premiers Chinois* sortait à peine des presses académiques, qu'il paraissait à Paris un gros volume de 710 pages consacré à *La Religion en Chine* et dû à la plume de M. Albert Reville. Comme on le voit dès l'abord les conclusions de ce dernier ouvrage sont entièrement opposées aux miennes. Il ne pouvait en être autrement car l'auteur de ce livre, comme il le dit lui-même, est étranger à l'étude du Chinois et de plus, étant de ceux qui se sont créé des principes arrêtés en matière d'histoire religieuse, il ne pouvait ne point les appliquer ici, quels que soient les faits.

Nous avons exposé antérieurement le système de M. J. Vinson; celui de M. Reville est entièrement différent et quant à la nature de la première religion des Chinois et quant à son origine.

On peut dire qu'il a pour lui le mérite d'une certaine nouveauté, de l'inattendu. Remarquons-le toutefois, ces divergences, disons plutôt ces oppositions radicales, ne laissent pas que d'exciter certaines défiances, car, comme on l'a vu, les sinologues sont, au contraire, à peu près unanimes.

Mais passons là-dessus. Comme il m'était impossible de rencontrer, dans mon petit mémoire, des opinions qui n'avaient point encore vu le jour, je crois devoir ajouter à ce que j'ai dit précédemment quelques observations relatives à cette nouvelle thèse. Je le ferai aussi brièvement que possible et je m'arrêterai exclusivement aux trois points que j'ai traités ailleurs : la Religion des premiers Chinois, le philosophe Tchou-hi, le Taoïsme et Laotze. Ce sont du reste les seuls qui aient une importance spéciale.

En commençant son œuvre, M. Reville s'excuse de n'être point sinologue. Il reconnaît que cela pourra l'exposer à quelques inexactitudes ; mais ces erreurs, pense-t-il, auront pour objet des choses de très peu de valeur, de légères fautes de transcription ou autres semblables, en sorte que les non-spécialistes ne s'en apercevront pas et des manques d'acribie aussi insignifiants ne pourront nuire à son ouvrage aux yeux de personne.

Par contre notre auteur pense qu'il a de grands avantages sur les spécialistes. Ces derniers, à ses yeux, absorbés par leurs études exclusives, ne font guère attention aux découvertes qui se font sur d'autres terrains et de plus ils ne sont guère capables de ces vues d'ensemble qui sont, paraît-il, le privilège particulier des hagiographes adonnés aux appréciations comparatives. Les spécialistes sont aveuglés par la poussière. des petites choses de détails qui les occupent.

Cette théorie surprendra, sans doute, plus d'un de mes lecteurs. Que diraient nos savants historiens qui ont consacré leurs veilles à l'étude des annales et des documents historiques de la Patrie, si un littérateur venait ici prétendre être mieux en état qu'eux-mêmes d'apprécier le caractère de notre histoire nationale et du rôle qu'elle occupe dans l'ensemble des évènements qui se sont déroulés autour d'elles? Et nos éminents philologues confieraient-ils l'exposé de la religion romaine à un écrivain, plein de talent, sans doute, mais ignorant complètement les langues classiques ? J'en doute et non sans cause.

Nous ne saurions donc partager en rien l'avis de M. Reville. Nos sinologues si distingués, les Lacouperie, les Gabelentz, les Legge, les Rosny, les Hervey St Denis et bien d'autres encore seront très surpris d'apprendre qu'ils restent étrangers aux découvertes hagiographiques qui ne concernent point leur spécialité. En outre, je dois bien le dire, les erreurs auxquelles on est exposé dans la situation de M. Reville, ne sont pas seulement des inexactitudes légères qui n'atteignent que la superficie et laissent intact le fond de l'ouvrage. Ce sont au contraire des erreurs capitales qui peuvent vicier le tout et ôter presque tout crédit au travail. Enfin les hagiographes littérateurs, qui veulent tout embrasser d'un seul coup d'œil, sont exposés à un grave danger auquel la plupart succombent. S'étant fait un système a priori relativement à la marche des idées religieuses, ils sont nécessairement portés à y rattacher tous les systèmes religieux particuliers et à tout voir sous une seule couleur. Si un animisme grossier, sorti du matérialisme, est à la base de toute religion, il faut bien qu'on le retrouve partout, coûte que coûte, et si les textes s'y opposent il faudra trouver le moyen de leur faire tenir un langage favorable au système ; ou bien l'on devrait y renoncer, ce qui ne se peut aux yeux des partisans de cette école. Ce sont donc les faits et les textes qui doivent céder. Ceci me rappelle ces paroles d'un illustre savant imbu des mêmes idées : « La religion de l'Egypte primitive est évidemment monotéistique, mais elle *a dû* être précédée d'un animisme naturiste ». Elle a dû : et pourquoi? Parce que cela est exigé non point par les faits et l'histoire qui n'en disent absolument rien, mais par les théories personnelles à l'auteur.

Pour moi, laissant de côté tout ce qui est en dehors de notre science, je ne vois aucune raison pour faire régner partout un système uniforme conçu d'avance. Je m'en tiens aux faits et aux textes qui seuls doivent faire loi et sans chercher à leur faire violence aucune. C'est là, sans aucun doute, le seul procédé vraiment scientifique, le seul qui ait chance de conduire au vrai.

Ces préliminaires étaient indispensables pour bien apprécier l'œuvre de M. Reville. C'est par la connaissance des causes, je pense bien, que l'on arrive le plus sûrement à juger convenablement les faits. Maintenant abordons notre sujet principal. Après des considérations générales très subjectives sur la civilisation chinoise, l'auteur présente un résumé succinct de l'histoire de l'empire chinois, auquel nous ne nous arrêterons pas. Notons seulement quelques points qui se rattachent à la question religieuse. M. Reville ne s'explique pas comment les Chinois peuvent croire à la fois et que l'empereur est fils du ciel et qu'il peut être renversé par un compétiteur heureux qui fonde une nouvelle dynastie. Dans la discussion un peu confuse, à laquelle il se livre à cette occasion, il dit, entre autres choses, « l'obéissance ponctuelle aux ordres de l'Empereur est le premier des devoirs sociaux ; lui résister c'est résister au ciel même dont il est le lieutenant terrestre et l'organe inspiré ». Puis pour expliquer la contradiction apparente dont nous venons de parler, il nous peint les Chinois dans un embarras extrême et faisant dépendre de l'évènement seul leur jugement sur les mérites ou les démérites du souverain (1). En réalité, les Chinois se tirent très aisément d'affaire. Dès que le Prince est prévaricateur et fait gémir le peuple dans l'oppression, il est à leurs yeux rejeté du ciel avant même qu'il tombe du trône. Si un usurpateur triomphe d'un prince bon et juste, on le regarde comme un félon auquel on peut donner la mort (2). Si une nouvelle dynastie s'implante après renonciation de la précédente les Chinois croient comme tous les autres peuples, que cette possession pacifique régularise la situation et que Dieu ou le ciel fait résider son autorité dans le nouveau monarque. La première assertion pourrait être soutenue jusqu'à un certain point, s'il ne s'agissait que des temps modernes. Mais pour une époque un peu plus ancienne c'est tout le contraire qui est vrai. Il est certainement défendu de résister aux ordonnances légitimes du souverain, mais lorsqu'il commet des fautes, lorsqu'il opprime ses sujets, le devoir de ses ministres et des détenteurs de l'autorité est de le reprendre, de lui résister en face, de tout faire pour l'arrêter dans la mauvaise voie. Les annales chinoises sont pleines des traits d'héroïsme des fonctionnaires qui ont exposé leur vie et ont subi le dernier supplice dans leur noble résistance aux despotes.

« Au service du Prince », est-il dit dans un livre du XIIe siècle, P. C., « on doit le reprendre hautement et non lui faire des observations en secret. Il y a une mesure fixée à la déférence, aux services en toute matière ». (Voir la Siao Hio de Tchou-hi L. II, § 172,

---

(1) Le succès seul déciderait si les révoltés sont des scélérats ou les instruments de la volonté céleste. — Cela est si peu vrai que les historiens chinois condamnent bien des princes qui sont morts sur le trône.

(2) Cp. *Siao-Hio*, IV, 52-53, p. 158.

P. 110 de ma traduction, Voir L. IV, § 41 ss. pp. 154 à 157.)

Si des actes de tyranie, entièrement identiques ont été prêtés aux deux derniers princes des dynasties Hia et Shang ; si, par conséquent, leur mémoire a été souillée outre mesure, ce n'est point tant sous l'empire d'un sentiment religieux, que pour mieux justifier les fondateurs des dynasties nouvelles qui les ont détronés (1). D'ailleurs on ne doit point oublier que Mérovingiens et Carlovingiens ont eu une fin identique. Il en fut de même en Chine des Hia et des Shang.

Plus loin (p. 60) il nous est dit que « l'empereur en personne est un élément plus qu'une personne, une des grandes forces de la nature, quelque chose comme le soleil ou l'étoile polaire et que c'est seulement quand les malheurs publics sont devenus intolérables qu'on se rappelle qu'après tout cet élément n'est qu'un homme et qu'en changeant l'homme on pourrait rectifier les fonctions troublées de cet élément ».

M. Reville a sans doute ici voulu être poète et nous le savons « pictoribus atque poetis — quid libet audendi semper fuit æqua potessas ». — Car tout cela est purement inventé et les fils du ciel seraient bien surpris d'apprendre ce qu'on dit d'eux aujourd'hui, au Collège de France (2).

Mais ne prenons pas ces choses de trop près ; rappelons nous que M. Reville n'est point sinologue, qu'il ne connaît les choses que de seconde ou de

---

(1) Cela même n'est point le but principal des Kings. Ce qu'on voulait avant tout c'était de rappeler aux princes leurs devoirs.

(2) On comprend ce qui inspire pareille idée à M. R., c'est le désir de montrer l'animisme régnant en Chine.

troisième main et passons. Arrivons à la question religieuse proprement dite.

M. Reville commence naturellement par la religion la plus ancienne qui nous soit connue et que tout autre chercherait dans les monuments contemporains. Pour lui, il procède d'une façon toute inattendue. Il nous peint d'abord sous les couleurs les plus hideuses le Shamanisme tartare avec ses sorcelleries, ses jongleries, son appareil carnavalesque, ses évocations d'esprits et le reste, tel qu'il se pratique chez certains tartares de notre temps. Il emprunte ses tableaux aux voyageurs modernes et nous les donne comme la peinture fidèle de la religion mongole des premiers jours, au XXe et XXVe siècles avant notre ère. Autant vaudrait demander au Panthéon de Paris la religion de Buodognat et de Vercingetorix. M. Reville ne peut cependant l'ignorer, il a été prouvé précédemment par des témoignages irréfragables qu'il n'en était absolument rien (1). Notre auteur n'en pose pas moins sa thèse comme sûre et de plus il n'hésite pas à affirmer que les Chinois n'avaient point d'autre religion à l'origine et qu'ils empruntèrent leurs croyances et leur culte aux Mongols. M. Réville ne saurait-il pas que les premiers Chinois sont venus de régions bien éloignées à l'Est des Mongols et des Shamans et qu'ils apportèrent avec eux une civilisation à peu près faite; qu'en conséquence

---

(1) Jamais ni les Mongols, ni les Mandchoux n'ont été Shamanistes, il n'y a de telles que quelques tribus éparses à demi sauvages. Au XIIe siècle de notre ère la religion des Mongols était encore monothéistique et vierge des insanités que M. R. lui attribue. Cfr. notre livre *La Religion des Tartares orientaux*. Les Mongols sont bouddhistes aujourd'hui, les Maddchoux ont suivi en parti les Chinois, le Shamanisme est étranger à ces deux peuples.

le Shamanisme ne peut être chez eux qu'une importation ultérieure et très tardive. Qu'il lise les travaux de M. de Lacouperie et il sera édifié. Ainsi d'après M. R. les Chinois ont emprunté aux Mongols, qui n'étaient pas leurs voisins, une religion que ces derniers ignoraient complètement : c'est assez difficile à croire.

D'ailleurs la thèse de M. R. ne s'appuie sur aucun document, sur aucun fait. Tous, au contraire, la contredisent. On a vu antérieurement les témoignages aussi nombreux que clairs et irrécusables des Kings. Mais ils ne gênent nullement notre auteur qui s'en débarrasse en un tour de main. « Les Kings, dit-il, ont été remaniés par l'école de Confucius, il n'y a rien en eux qui soit digne de foi. » Délivré par ce moyen expéditif de témoins plus que gênants, il édifie alors sa thèse tout à son aise. Nous savons malheureusement que le Shih-King par exemple, est composé de chants nationaux auxquels Kong-tze et ses disciples n'ont pu toucher en aucune manière. Nous savons en outre que s'ils eussent remanié le Shouh-King, c'eut été précisément pour en effacer les passages que nous avons réunis dans notre étude et qui s'éloignent complètement de leurs doctrines.

Jamais par exemple, Kong-fou-tze ne nous eut montré un roi défunt, glorieux dans le ciel où il siège aux côtés de Shang-ti, lui qui enseignait à ses auditeurs de ne point se préoccuper des choses de l'autre monde. (Cp. ma *Religion des premiers Chinois*, pp. 8 ss.)

Le prétexte est donc inacceptable et M. Reville le sait bien lui-même puisque par la suite il invoque le témoignage de ces mêmes Kings qu'il a jetés, en commençant, par dessus bord. Il a cru trouver, en effet, dans un passage du Shouh-King la preuve du Shamanisme des Chinois de cette époque. Chose étrange! ce passage prouve précisément le contraire. Voyons-le donc, cela vaut la peine.

Aux §§ 3-6 du L. XXVII, p. V, il est dit que les Miao opprimaient le peuple, exerçaient de grandes cruautés et règnaient par la terreur ; que l'empereur prit la défense du malheureux peuple, châtia les Miao, abattit leur puissance et que dès lors les communications entre le ciel et la terre furent brisées et les descentes d'esprits cessèrent. Preuve, dit M. Reville, que les Chinois d'alors étaient Shamanistes.

Le docte hagiographe ne saurait-il pas que les Miao étaient des tribus barbares, fixées avant les Chinois sur le sol de l'Empire du Milieu et qui jusqu'à nos jours sont restées à moitié insoumises? Si au temps de leur puissance, les descentes d'esprits, les pratiques shamaniques regnaient, si leur défaite et le triomphe des Chinois y ont mis un terme, c'est donc, sans doute, que ces pratiques étaient celles des peuplades barbares et non des tribus chinoises qui en étaient les victimes bien loin d'en être les adeptes.

Plusieurs fois l'histoire de la Chine mentionne des tentatives faites pour y introduire la magie, les jongleries religieuses, le Shamanisme ; depuis Shao-Hao (1597 A. C.), dont l'indolence leur laissa libre cours, jusqu'à ce que les Mandarins et *le peuple* eussent forcé son successeur Tchien-Ho à y mettre un terme. Et alors un décret interdit *sous peine de mort de sacrifier à tout autre qu'à Shang-ti* (1). C'est assez significatif, je pense.

------

(1) Nos lecteurs non sinologues pourront trouver ces faits dans la traduction du *Tong Kien Kang mu* de Mailla, I, pp. 30-33. Ce ne sont pas les Grands de l'empire mais *le peuple* lui-même qui veut étouffer ces tentatives des Shamanistes. Elles lui étaient donc étrangères et même odieuses.

Qui le croirait? c'est chez les Taoïstes et dans leurs innovations du IVe siècle av. notre ère, que M. Reville prétend trouver la religion primitive des Chinois. Ainsi ferait celui qui voudrait chercher le Christianisme du IVe siècle dans la secte des Quakers et réduirait encore leurs pratiques à leur plus simple expression pour arriver à la racine de cet arbre mystérieux dont le christianisme de Knox constitue à ses yeux la pleine efflorescenee.

Toutefois M. Reville a encore d'autres points d'appui dans ces Kings qu'il rejetait d'abord comme interpolés si pas apocryphes.

C'est en premier lieu ce texte obscur dont j'ai parlé dans mon étude et qu'il traduit mal, naturellement, puis qu'il ne le connaît que par la traduction de Legge (1). Ce texte unique en son genre et qui a tout l'air d'une retouche est à ses yeux presque le seul qui ait échappé à la corruption confucéenne. Il était bien plus naturel et plus scientifique de le ranger parmi les passages dignes d'atéthèse.

En tous cas nous avons vu qu'il ne signifie nullement ce que M. Reville lui fait dire. Par les six Honorés, ou plutôt *tsong*, dont il y est question, notre auteur veut entendre le soleil, la lune et les étoiles et il apporte en preuve, le dire de deux commentateurs qu'il doit savoir entièrement ignorants de la chose et dont les explications n'ont aucune valeur. En revanche quand *tous* les commentateurs affirment que par montagnes et fleuves il faut entendre, comme cela est dit expressément maintes fois, les esprits des monts et des eaux, M. R. recuse leurs témoignages unanimes et veut s'en tenir à la lettre plus favorabble à son

---

1) Comp. *La Religion des premiers Chinois.* p. 15 et 16.

système. Cela peut être habile, mais ce n'est pas autre chose.

Tout ce qu'il nous dit du culte de la nature est donc entièrement faux; les vieux Kings n'en n'ont pas de trace certaine, et le passage qu'il cite du Li-ki où il est question du sacrifice au soleil et à la lune est de date relativement très récente.

Le mot *tsong* (honorés) (1) est encore employé au Li-ki IV. S. IV § 19; où M. R. veut encore en faire des corps célestes; mais ce mot y est apposé à « Esprits terrestres » et désigne par conséquent des êtres de même nature, spirituels comme ces derniers. Ce texte prouve donc contre lui; ce sont « les esprits célestes ».

Et c'est en se basant sur un texte où il n'y a rien de ce qu'il y met, qu'il interprète mal et qui d'ailleurs est entièrement obscur, que M. Reville s'écrie : « et c'est en présence de textes aussi formels que l'on a osé parler de monothéisme chinois. Désormais *la cause est entendue* ».

Il est d'ailleurs très étonnant que M. Reville semble connaître uniquement ce passage. Du reste nous eussions pu nous dispenser de cette discussion. En admettant même les termes de M. Reville nous aurions ceci : « Yao offrit le sacrifice suprême à Shang-ti et vénéra les grands corps célestes ». Cela nous donnerait un monothéisme imparfait, mais rien de plus ni moins. Le soleil, la lune et les étoiles n'y seraient pas plus des dieux que dans l'Avesta où personne certainement ne les qualifiera de ce titre. Le Shamanisme en tous cas n'y aurait aucune part.

---

(1) Les *tsong* célestes et les esprits terrestres.

De tous les textes relatifs à Shang-ti des livres chinois, il semble n'en soupçonner pas le moindre; quelque clairs et évidents qu'ils soient, ils n'obtiennent pas la moindre mention (1). Le procédé est excellent pour un avocat qui veut plaider une cause déterminée. Pour celui qui cherche la vérité quelle qu'elle soit, il faut convenir qu'il n'est pas propre à atteindre le but.

Toutefois M. Reville à encore deux arguments. Voyons s'ils seront meilleurs que les premiers. C'est d'abord le mot *respectueusement* qui qualifie la manière d'opérer les calculs astronomiques, ordonnés par les premiers empereurs ; « respectueusement, selon l'ordre du ciel » c'est évident, nous dit-il, c'est le culte du ciel.

Si M. Reville savait quelque peu de chinois, il n'ignorerait pas que le mot correspondant à « respectueusement » (M. R. traduit ici le *respectfully* de Legge) *Tching* signifie « attentivement, avec gravité et soin diligent ». *Tching vu sse* veut dire « attentif à sa besogne »; *tching shin* est « veillant sur soi-même ». Dans le Shouh-king même d'où ce fait est tiré, nous trouvons cette recommandation de Tcheou-kong à un prince vassal : « *wang, tching yong shin* » va, exerce le pouvoir *avec diligence.* » — « Examinez *avec soin*, attentivement la grande décadence et méchanceté des Yins » *tching i Kien.* (Voir L. V. P. 16. §§ 19 et 23). Il ne s'agit aucunement ici d'un culte du ciel mais du soin à apporter dans ses fonctions. Quant aux termes « suivant l'ordre du ciel » il n'est pas besoin de dire qu'ils signifient : Faites vos calculs astronomiques « conformément à la réalité, aux mouvements du ciel ». Les textes indiquent donc tout le contraire de ce que M. Reville leur fait dire. Mais n'insistons pas, il n'est pas sinologue.

---

(1) COMP. *La religion des premiers Chinois*, pp. 8 ss.

Le second mot est *shin* qui signifie « esprit » et que M. Reville dit être formé de deux traits horizontaux supérieurs, représentant le ciel et de trois traits quasi-verticaux placés par dessous 川 qui représenteraient le soleil, la lune et les étoiles. Les esprits seraient donc « les corps célestes ». Nous ne discuterons pas la singularité d'une représentation des étoiles par un seul trait. Nous dirons seulement que notre auteur confond *shin* « esprit » avec *shi* qui signifie « révéler, annoncer, manifester du ciel » et dont le caractère écrit pourrait représenter, non « les corps célestes », mais « les rayons d'en haut », figurant une manifestation ou révélation céleste (1), ce qui est toute autre chose et n'a rien d'anti-spiritualiste.

Quant aux esprits rappelons-nous seulement ce qui en a été dit dans mon étude déjà citée p. 40 à 45. Ces esprits invisibles présents partout et dont les crimes offensent la présence inaperçue ne sont pas, sans doute, le soleil, la lune et les étoiles.

Mais M. Reville n'est pas sinologue ; passons encore. Remarquons seulement que les hagiographes malgré leurs larges vues comparatives confondent, trop souvent, la croyance aux Esprits protecteurs des hommes, des lieux et des choses avec l'animation de la nature. La première est autant spiritualiste et élevée que la seconde est matérialiste et grossière. Il y a même un moyen-terme qu'on néglige ou n'aperçoit pas, c'est la matière spiritualisée, ce qui n'est qu'un excès de spiritualisme et non une variété de matérialisme. Bien des peuples en sont là que l'on dit naturistes et matérialistes. Ces confusions d'idées sont funestes à la science.

---

(1) *La Religion des premiers Chinois*, p. 40. Le caractère même qui représente les esprits prouve leur nature spirituelle.

Après ceci M. Réville s'occupe de la puissance suprême selon les anciens Chinois. Dans cette partie de son ouvrage nous lisons des choses de ce genre :

— Le ciel a deux noms : 1º *Tien* qui indique sa nature (ici M. Réville discute étymologie comme un spécialiste); 2" *Shang-ti*, le régulateur suprême de l'ordre des choses. — Et en note : « Il est incontestable et incontesté que Shang-ti est le titre religieux et honorifique du Tien; — Shang-ti c'est le ciel animé, etc. etc. »

Nous ne discuterons pas les étymologies de M. Réville qui n'ont d'ailleurs aucune importance dans la question; nous remarquerons seulement que *Shang-ti* n'est pas le *régulateur suprême*, mais bien le Souverain, l'empereur suprême. C'est l'Empereur des Empereurs, le Maître des Maîtres du monde; *Ti* est le titre des souverains chinois. M. Réville traduisant « régulateur » échappe ainsi aux conséquences de cette expression qui font de Shang-ti un être personnel. Mais, par quel moyen !

Quant au reste, une seule chose est *incontestable* si elle n'est pas *incontestée*, c'est que le Shang-ti antique n'est aucunement le ciel, ni une personnification du ciel, ni l'esprit du ciel. Tous les textes affirment expressément sa personnalité indépendante. Aussi pour soutenir sa thèse, notre auteur est obligé de les supprimer et de recourir à l'opinion de quelques lettrés modernes, aux statuts d'une société récente, à un article de l'INQUIRER de 1878 sur les croyances actuelles de la Chine. Il oublie qu'il y a 40 siècles entre ces documents et les faits dont il parle.

Il est vrai que M. Réville nous apprend que pour connaître la religion du XXIIe siècle avant notre ère, d'il y a 4000 ans, il faut prendre les doctrines, les superstitions du jour, les pratiques de ces Taoïstes toujours méprisés et réprimés, les matérialiser encore davantage, pour arriver à cette époque où le naturisme et l'animisme *ont dû* régner sans partage. Ainsi déchirer, jeter au vent les textes contemporains, appliquer les idées du temps à une époque éloignée de 40 siècles, cela s'appelle faire de l'histoire.

On comprend à quel résultat cela mène. Quand on attèle ses coursiers au derrière du char, on arrive naturellement, non point au but, au terme de l'arène, mais à l'extrémité diamétralement opposée.

La thèse de M. Reville est donc l'antithèse de l'histoire et de la réalité. — Qu'il nous pardonne de lui dire la vérité telle qu'elle se présente à nous, on se la doit entre gens d'études; sa thèse est le roman de l'histoire religieuse de la Chine.

Aussi M. R. ne peut comprendre comment de ce Shamanisme grossier, incohérent, superstitieux, est sortie la religion si froide, si compassée et correcte, chère à Confucius et à ses disciples. La solution de ce problème difficile est pour lui « dans le goût du Chinois pour la civilisation, goût qui le distingue de ses congénères mongols-tartares ».

Et ce goût si extraordinaire, si contraire à ses tendances originaires de Tartare, d'où lui est-il venu ? Notre auteur ne résoud pas ce problème non moins difficile que le premier, et pour bonne raison.

La solution est bien simple; et la difficulté, toute imaginaire, est un produit du système de notre auteur. La religion de Confucius n'est pas le moins du monde sortie du Shamanisme, elle en est l'antipode et celle qui la précéda en Chine l'est encore davantage.

M. Reville a eu du reste un éclair de vérité quand il dit à la page 153, que la manière populaire d'évoquer les Esprits vient en droite ligne de la Tartarie. Il en est bien ainsi en partie. Ce sont des infiltrations tartares ou barbares (1) qui ont introduit en Chine ces pratiques que les Taoïstes ont mis définitivement en honneur. La Chine, bien loin de leur avoir donné le jour, a lutté contre leur envahissement pendant des siècles (voir plus haut p. 9 et note). Le *Tien* est aussi d'origine tartare. C'est dans la Tartarie que nous le voyons surgir et régner sans que rien y rappelle le Shang-ti, le dieu des Chinois. Les origines de ces deux divinités sont donc toutes différentes, comme le sont leurs natures et ce dualisme singulier de la religion chinoise s'explique parfaitement par l'introduction ultérieure d'une croyance inconnue aux premiers pères de la nation. Hors de là tout est mystère et obscurité et l'on cherche vainement le fil conducteur ou le mot de l'énigme.

En définitive nous ne pouvons que reproduire ici les conclusions de notre première étude et par conséquent y renvoyer nos lecteurs pour éviter des répétitions aussi fastidieuses qu'inutiles. Je crois cependant devoir ajouter quelques mots au tableau sommaire de l'antique religion de la Chine, pour éviter tout malentendu et toute erreur.

Mais, rappelons-le nous d'abord, il est peu de systèmes parmi les plus habilement conçus qui ne présentent quelque contradiction que leurs auteurs n'ont point aperçues. A plus forte raison doit-il en être ainsi des conceptions religieuses élaborées par la conscience et l'imagination populaires. Les gens du peuple parmi nous encore, se mettent peu en peine de concilier ce qu'on leur apprend de la nature divine avec leurs superstitions et les sorcelleries auxquelles ils ajoutent foi malgré tout. Nous les voyons même souvent tentés d'attribuer

____

(1) J'entends par là les populations préchinoises.

aux saints qu'ils vénèrent une existence par soi et une puissance plus ou moins indépendante de Dieu. Le même phénomène a dû se produire en Chine avec une puissance bien autrement intense. Aussi devons-nous nous attendre à y trouver des idées contradictoires qui déroutent ces esprits systématiques qui ne sont pas prêts à admettre les faits tels qu'ils sont.

Nous y voyons d'un côté Shang-ti, dieu personnel, et le seul personnage vraiment dieu qu'adorent les anciens Chinois. Et sous ce rapport on ne peut contester le caractère monothéistique de leurs croyances.

D'autre part Shang-Ti n'est jamais représenté comme créateur du ciel, de la terre et des esprits; on n'oserait affirmer qu'il était seul tenu pour éternel. On n'oserait donc pas dire que le monothéisme des Chinois était pur, que Shang-Ti peut être identifié à Jéhovah, au Dieu des chrétiens.

En outre on ne peut contester chez les anciens Chinois une certaine vénération de la nature qui n'en fait nullement des naturistes ou des animistes, mais qui porte une nouvelle atteinte à la pureté de leur monothéisme. Dire que pour eux le ciel et la terre ou les astres étaient des dieux, c'est dire la chose qui n'est pas; nier qu'ils eussent pour eux une vénération quelque peu superstitieuse, ce ne serait pas non plus être exact (1).

Ce qu'on oublie trop souvent dans ces appréciations c'est que ces vieux peuples de l'Orient n'avaient point de la matière et de l'esprit une notion précise comme nous nous la sommes faite et ne les distinguaient pas

---

(1) Il en est de la religion chinoise comme celle de l'Avesta que l'on n'a jamais sérieusement traitée d'animiste.

avec netteté. Nous ne devons donc pas nous étonner de voir chez eux le naturisme inconscient mêlé au spiritualisme et au Théisme. Et prétendre pour cela qu'ils étaient restés ou tombés au degré d'un animisme inintelligent, c'est n'être ni juste, ni vrai. Il en est spécialement ainsi pour la Chine où les Esprits vénérés par le peuple étaient d'une nature immatérielle et nullement des éléments doués d'âme et de vie, où le Tien même était qualifié d'invisible et intelligent et n'était point conséquemment le ciel matériel. Quant à la faire descendre jusqu'au Shamanisme aussi grossier que charlatanesque, c'est ce dont ne s'avisera jamais celui qui a quelque connaissance des choses par lui-même et n'a point de système préconçu à étayer par des preuves hasardées.

Mais en voilà assez sur ce point ; passons aux deux autres que nous sommes contraints de traiter dans cette série d'observations. Nous nous bornerons à quelques remarques.

Ce que M. Reville nous dit du philosophe Tchou-hi prouve surabondamment ce qu'il reconnaissait lui-même en commençant, qu'il n'est point sinologue.

Le système du *Tai kih* ou principe suprême, n'est point de Tchou-hi mais de Tcheou-tun-I, ou Tcheou-tze né plus de cent et vingt ans avant lui.

« Le *tai-kih* est « le grand faîte », dit M. Reville, « c'est une traduction philosophique du ciel de Confucius en tant que principe premier des choses et leur directeur. En lui-même il échappe à toute définition, il est aussi bien le « sans faîte » que « le grand faîte », l'illimité que le limité, l'indéterminé que le déterminé ».

Nous regrettons de devoir opposer à tout cela une dénégation complète.

Le *tai-kih* n'est pas « le grand faîte » mais « le

suprême principe »; traduire ainsi, c'est comme rendre *esprit* par *souffle*, *âme* par *vent* et *lunette* par *petite lune*. Il n'est pas davantage le « sans faîte » mais bien le « sans principe », c'est le premier principe qui lui-même n'en a point : *tai kih wuh kih*. Le grand faîte sans faîte est une logomachie. Loin d'être le ciel représenté d'une certaine manière il est le père du principe *Yang* qui a formé le ciel (1).

Pour M. Reville le Tai-kih en tant que principe du mouvement et du repos forme le *li*, ou principe intellectuel, cause effective des êtres. L'intelligence humaine est de la nature du *li*, en dérive et se joint en nous au *Khi*, ou nature animale, et grossière. Leur séparation en nous est la mort, etc. etc.

C'est là mêler et confondre deux systèmes entièrement différents : celui de Tcheou-tzè et celui de Tchou-hi. Le Tai-Kih du premier se partage non en *li* et *khi* mais en principe actif, *Yang*, et principe réceptif, *yin*, qui forment les cinq éléments et toutes choses. Le *Khi* entre aussi dans ce système mais c'est « la substance des êtres ».

Le dualisme du *Li* et du *Khi* appartient à Tchou-hi qui ne reconnaît pas de Tai-Kih supérieur. Pour lui le Tai-Kih est simplement le *li* du ciel; le *Khi* est la substance des êtres, le *li* est leur loi. Le Khi se compose des éléments, le *li* est la bonté, la justice, la convenance, la sagesse, etc. (2)

Tchou-hi n'a été ni Taoïste ni bouddhiste comme le pense M. R.; mais il a simplement étudié l'une et l'autre doctrines et en a reconnu la fausseté (3). Il ne

---

(1) Voir le *Tai-kih tu* f°. 1. 2.

(2) Tout ceci est longuement exposé au *Sing-li-tsing-y* part. *li-khi* fol. 1 ss. Je donnerai prochainement une traduction de ce traité et de plusieurs autres du même recueil.

(3) Cp. mon *Tchou-tae-tsieh-yso*. Chap. V.

peut donc lui en être resté des marques comme le même auteur l'affirme. « Son » *tai-kih* qui n'est ni de lui ni à lui, n'est point parent du Tao. Son *li* en diffère du tout au tout, loin de « lui ressembler beaucoup » selon les termes de notre auteur. Car ce *li* n'est pas un principe spécial, indépendant, c'est uniquement la loi rationnelle inhérente aux êtres.

L'école de Tcheou-tze-Tchou-hi connait un *Tao* mais il est entièrement différent du Tao de Lao-tze, celui-ci est l'être absolu, infini, innomable dans sa perfection, l'autre est le grand vide dans lequel existent le yin et le yang et qui n'existe qu'en eux. (Voir *Li-Khi* op. cit. § 1.)

Ces remarques que nous pourrions multiplier à l'infini suffiront pour montrer qu'il n'est pas inutile d'être spécialiste pour traiter ces matières. Sans connaissance spéciale il est bien difficile de ne pas s'égarer à chaque pas, de saisir le vrai sens des mots, de pénétrer l'esprit d'un peuple; on ne peut, en outre, ni juger des opinions diverses, ni choisir ses autorités.

Notre dernière réflexion nous amène au *Tao* et au père de la philosophie chinoise, au vieux maître, Lao-tze. Que de choses nous aurions à dire du chapitre que M. Réville leur consacre. — Bornons-nous à quelques traits. Je puis pour le reste renvoyer à mon étude sur *Lao-tze* et le Tao du vieux philosophe. (Voir *Lao-tze*, le plus ancien philosophe chinois.)

Dès l'abord M. Réville nous cause une vive surprise. Dans son court exposé des sources, assez incomplet, nous lisons : « Les travaux de Chalmers, « de V. von Strauss et de Plänckner ne sont que des « essais souvent discutables d'amendements de la tra- « duction du célèbre sinologue du collège de France. « — R. DOUGLAS : *Confucianism and Taoïsm* exposition

« très claire et détaillée du système mais médiocrement
« exact! » — Vraiment! le savant professeur de l'uni-
versité de Londres, sinologue de renom, est aux yeux
de M. Reville « médiocrement exact ». Notre auteur
serait-il devenu subitement un sinologue consommé,
pour pouvoir juger de cela? Quant aux travaux cités
en premier lieu, il suffit de lire ce jugement pour se
convaincre que M. R. ne les a point ouverts.

M. Reville professe grande estime pour M. Julien
et il a parfaitement raison, mais depuis la mort du
célèbre professeur, si connu par son intolérance et
son *egotisme*, le temps et la science ont marché; en
s'en tenant aux travaux de M. Julien, comme l'a fait
notre auteur, on reste nécessairement en arrière de
son temps. M. Julien avait traduit *Tao* par « chemin »,
M. Reville, le suivant à la lettre, nous dit par deux
fois que le *Tao* est en réalité « chemin et méthode »,
que les Taoïstes sont les méthodistes de la Chine;
que le *Tao* est la voie mais une voie qui marche, ce
qu'on appelle le cours de la nature en comprenant
par là le mouvement universel qui fait éclore, évoluer
et disparaître les phénomènes dans le temps et l'espace.
En résumé c'est le chemin éternel que suivent tous
les êtres, c'est le principe qui leur imprime le mouvement auquel ils obéissent dans leur naissance, leur
durée et leur mort etc. »

A part ce dernier trait qui a quelque teinte de
réalité, il serait impossible de donner une idée plus
inexacte du grand principe, du fondement essentiel du
Taoïsme. Si M. Reville pouvait consulter par exemple
le *Tchouen tze wei* et autres ouvrages de ce genre
il y verrait que les lexicographes chinois expliquent
tao, en premier lieu, par *li* « principe rationnel »,
tông taô wân wûh pénétrant et dirigeant toutes choses.

Puis après seulement vient : *li* « chemin » sens naturel et originaire il est vrai, mais disparaissant dans les conceptions philosophiques comme celui de « vent » s'efface dans les mots « esprit » ou « âme » (1).

Les autres conceptions fondamentales du Tao-teh-king ne sont pas mieux représentées. Le « non-agir » n'est pas « l'oisiveté inerte, l'absence d'action », c'est une idée chinoise que l'on rencontre encore ailleurs et qui s'explique parfaitement par cette phrase d'un autre livre : « l'homme vertueux agit si naturellement dans ses actes de vertu qu'il semble ne point agir ; cela est pour lui sans peine, sans effort, sans préoccupation », comme l'eau coule de la source sans paraître agir d'elle-même (2). « Le vide, le non-être » ne sont pas davantage ce que nous entendons par ces termes. Dans la philosophie de Tchou-hi même, ces expressions sont données comme synonymes d'immatériel et expliquées comme telles. Les termes comme les idées des Chinois ne correspondent pas exactement aux nôtres et le mot « être » dans le sens absolu que nous y attachons n'est point de leur vocabulaire. Ce qui ne tombe pas sous les sens, ce qui ne peut se voir, entendre, sentir ou palper est pour eux *heu* et *wuh*, que nous rendons très inexactement par « vide » et « non être » par ce que, chez nous, ces expressions représentent d'autres idées qu'en Chine.

De la même manière *tsiu hio* du chap. XX. I ne signifie pas « renoncez à toute étude » mais « coupez court aux études superflues, qui troublent l'esprit et le cœur, arrêtez le fol empressement, etc. » Les paroles

---

(1) Voir mon *Lao-tze*, p. 15 à 19.
(2) Ibid. p. 25 et 30.

de Lao-tze ne doivent jamais être prises à la lettre et dans leur sens absolu.

Au chap. XXI il est dit que « dans le Tao est l'essence spirituelle » *Khi ts'ong yeu tsing*. St. Julien emploie les mêmes termes, aussi l'on s'étonne que M. R. abandonne ici son guide constant et unique pour traduire « il y a de l'esprit ». Les préoccupations de système l'auront encore entraîné.

Que Lao-tze se soit absorbé « dans la volupté mystique dont il se sentait inondé par la contemplation du tao », c'est ce que le philosophe lui-même eut été bien étonné d'apprendre. Jamais il n'avait conçu chose semblable. Il n'est pas non plus « un égoïste se renfermant dans des jouissances intérieures », celui qui prescrit d'enseigner les autres, de ne point épargner ses efforts pour les rendre meilleurs, d'être bienfaisant sans chercher son intérêt, d'aimer à donner, de faire du bien sans rien attendre de ceux auxquels on prodigue ses bienfaits etc. etc. (Chap. X, LXXIX et autres).

Le sage de Lao-tze est droit, ingénieux, éloquent sans le paraître, (XLV). Il fait de grandes choses sans s'en prévaloir; il ne cherche point les choses difficiles mais sait les accomplir; il n'accumule pas et plus il emploie ses biens dans l'intérêt des autres, plus ils augmentent, plus il donne et plus il s'enrichit (LXIII, LXXX, etc.) Tel est le non-agir.

On ne se douterait guère de cela après avoir lu l'exposé de M. Reville. (1) — Voilà « le philosophe qu'il appelle » un voluptueux égoïste, sacrifiant tout à ses satisfactions ».

---

(1) Voir mon *Lao-tze*, pp. 25 st.

On ne peut pas mieux être aux antipodes de la réalité, ou tranchons le mot, égarer ses lecteurs.

Notre auteur n'est pas plus heureux dans ses autres affirmations; et vraiment celui qui n'aurait point lu autre chose se ferait une singulière idée du Taoïsme originaire. Il aurait même une idée inexacte du titre de son manuel si fameux : le *Tao-teh-king*; car là si la copule ne joint point les deux termes coordonnés, c'est le résultat pur et simple de l'usage ordinaire de la langue et non parce que le tao et la vertu forment une dualité constante inséparable. Ces deux mots désignent au contraire les deux parties du livre.

M. Reville a raison, sans doute, quand il se refuse à faire dériver le Taoïsme du Bouddhisme. Comme il le dit justement, les dates y font opposition. A cette réflexion il ajoute même une phrase qui vaut le poids du livre en or pur : « Défions-nous de la manie de recourir constamment à l'hypothèse des emprunts, comme si des points de vue analogues ne pouvaient s'offrir à des esprits séparés par le temps et l'espace, mais rapprochés par les tendances et les aspirations. » — M. Reville fera bien de se rappeler ses paroles quand il dissertera d'autres religions. Malheureusement dans le cas présent ce principe si sage n'est pas précisément applicable. Ce n'est point au Bouddhisme que la doctrine laoïenne peut être comparée, mais au Brahmanisme et entre ces deux doctrines les traits d'identité sont tellement frappants que l'influence de l'Inde sur les créations de Lao-tze ne serait que très difficilement contestable (1). M. Reville s'étend longuement sur cette transformation singulière qui d'une école de philosophie pure, élevée,

----

(1) Cp. *Laotze, le premier philosophe chinois* p. 31.

généreuse, a fait une secte de jongleurs et de charlatans qui s'est signalée par maintes turpitudes. Il s'imagine que le problème est reconnu comme insoluble et pense en avoir trouvé la solution facile. « Ce seraient les solitaires, contemplatifs et misantrophes qui auraient adopté le taoïsme par esprit d'opposition et le comprenant mal en aurait déduit des conséquences qu'il ne comportait point et y auraient réuni toutes les croyances et les pratiques shamaniennes qui formaient la religion de la nation. Ces solitaires avides de communications avec les esprits se rallièrent à Lao-tze qui lui du moins ne tenait point les esprits à distance comme son rival (1).

« On peut prévoir, ajoute M. Reville, que cette école comprenne mal le Tao-te-king, on peut prévoir que la tendance qui s'abrite sous ce rapport deviera si bien de la ligne qu'elle en prendra finalement le contrepied. »

Pourquoi cela? le docte auteur ne nous en informe point et vraiment la chose est fort extraordinaire. Aussi la réalité est-elle bien différente de l'hypothèse. La transformation n'était incompréhensible que pour celui qui le dit ainsi. La filiation entre les doctrines des Taosse et les idées du Patriarche telle que la décrit M. Reville n'est qu'une suite d'imaginations des moins plausibles. Le problème est du reste des plus simples.

Laotze fut le premier qui s'écartât des traditions de la nation. Ses disciples des siècles suivants furent aussi les seuls qui osèrent s'opposer au confucianisme triomphant. Tous les philosophes dissidents, hétérodoxes

---

(1) Voir plus loin. Lao-tze était bien moins favorable au culte des esprits que Confucius; mais quand on n'est pas spécialiste il est bien difficile de connaître les choses entièrement.

se réclamèrent de son nom. Tchouang-tze, Lih-tze (1),
Yan Shou, Meh-ti osèrent former des écoles séparées
et se rattachèrent plus ou moins au rival de Kong
fou-tze tout en se livrant à leurs conceptions personnelles. Dans ces conjonctures favorables, les adeptes
des pratiques shamaniennes et évocatives, tant de fois
réprimées en Chine, relevèrent définitivement la tête;
mais ils sortaient des races barbares et étrangères et
non du cœur du peuple chinois. Pour donner à leurs
enseignements une apparence sérieuse et inspirant le
respect, ils se placèrent sous la bannière de Lao-tze
et lui empruntèrent quelques idées, quelques termes,
très peu soucieux, du reste, d'être d'accord avec ses
principes.

Dans cette transformation du Taoïsme il n'y a
donc point une filiation vraiment extraordinaire qui
d'un système conduisit « à son contrepied » mais un
grossier pastiche où viennent s'unir d'une manière
factice, les choses les plus disparates. C'est pourquoi
le Taoïsme jongleur s'éleva subitement sans avoir laissé
de traces de sa première origine.

L'exposé du confucianisme n'est pas beaucoup plus
heureux. M. Reville lui refuse une religion, ce qui
n'est guère conforme à la réalité. Kong-fou-tze vénérait et le ciel et Shangti, faisait les sacrifices; sa
prière, disait-il, était continuelle (*Kieu* perdurans) (2).
La seule chose qu'il cherchait à empêcher c'était la
théurgie, les évocations, et la prière, trop égoïstique
ou accompagnant une conduite coupable (cp. Lun-yu
VII. 34, XIV, 37, 38. III. 11 et ma *Religion des
premiers Chinois*, p. 25).

---

(1) Les œuvres qui portent le nom de Lih-tze sont de beaucoup
postérieures à ce philosophe, c'est du taoïsme charlatanesque le plus pur.
(2) *Lun-Yu*, VII 34.

Il sacrifiait aux esprits comme s'ils étaient présents, porte le Lun-Yu III, 13. M. Reville cite aussi ce passage, mais il y introduit un mot qui ne s'y trouve pas et qui en change toute la nature : « Il sacrifiait aux esprits *et aux dieux.* » Le texte a seulement *tchi-shen*. Le procédé est trop commode, il faut en convenir, et donner de cette façon des dieux à la Chine c'est lui faire un don fort suspect.

En outre M. Reville produit, pour prouver les croyances animistes de Kong-fou-tze, le texte dont nous avons parlé ailleurs et qui démontre, au contraire, des idées toutes spiritualistes : « Qu'ils sont grands et abondants les pouvoirs des êtres spirituels! Nous les regardons et ne les voyons pas; ils pénètrent partout et rien n'est sans eux. Ils font que tous jeûnent et se purifient etc. » — Certes c'est là du spiritualisme, ou bien il n'en est point.

Arrêtons-nous ici. Il faudrait écrire un gros volume si l'on devait pousser les rectifications jusqu'aux limites du nécessaire. Il n'est guère de point de l'histoire religieuse de la Chine qui ne soit entièrement faussé par notre auteur. Et quant à la religion première des Chinois bien des choses inexactes en avaient déjà été dites, mais nul n'avait encore accumulé autant d'erreurs sur cet objet.(1) — A notre tour de le dire : la cause est entendue, le livre de M. Reville tient plus du roman que de l'histoire; parfois il n'est que cela.

____

(1) Que dire du culte des ancêtres? « La religion des ancêtres » n'en était une en aucune façon. Primitivement on ne se proposait que de réconforter les aïeux, de leur assurer une existence supportable dans l'autre monde, un certain *culte* commença par les témoignages de reconnaissance donnés aux bienfaiteurs de la nation, aux grands souverains. Il s'étendit de là à tout le monde. Cfr. *La Religion des premiers Chinois*, p. 47.

C'est avec peine que j'ai entrepris cet examen et que j'ai dû renoncer aux éloges que j'aurais voulu donner au livre de M. Reville. Ayant pris déjà position dans la question et cherché à rétablir la vérité tant de fois méconnue dans une matière aussi importante, il ne m'était pas possible de laisser passer sans protestation un ouvrage propre à répandre et à perpétuer tant de notions fausses, au détriment de la science. Quand on supprime les textes et crée des systèmes de fantaisie on doit s'attendre à la contradiction.

Il faudrait, d'ailleurs, dire adieu à l'étude et à la science si l'on devait renoncer à la devise : *magis amica veritas.*

(NOTE SUPPLÉMENTAIRE.)

Mon appréciation du livre de M. Reville était à peine imprimée qu'il me venait sous les yeux un texte complètement décisif quant à la nature de *Shang-ti* et du *Tien* (ciel) comme aussi du culte adressé à ce dernier. Ce texte appartient à l'*I-li*, c'est-à-dire au plus ancien code de rites de la Chine bien qu'il soit déjà de l'époque moyenne. Le voici :

« En temps de calamité on offre le sacrifice suprême à Shang-ti. On lui présente les offrandes sacrificielles dans la grande salle d'honneur du palais. On fait les offrandes au ciel (*tién*) au solstice d'hiver dans la campagne sur un tertre arrondi et quand on le fait les esprits du ciel descendent (*tsé tién shên kiâi hiáng*). »

Et le commentaire ajoute : « tous les êtres tirent leur substance du ciel (*pèn yu t'ién*), ils reçoivent leur existence particulière et leur forme de Shang-ti (*hîng yu Shang-ti*). On honore le ciel au solstice d'hiver parceque c'est le moment où la nature (la substance des êtres) mortifiée par le froid et le repos, commence à renaître et à reprendre son activité. » (Voir *I-li kiu-king-tu-tchu*, livre XXI f' 16 R° et 17 V° 1. 5.)

Ainsi le *t'ien* est la substance de toutes les materiæ, tandis que Shang-ti est le créateur des formæ, c'est-à-dire un être personnel. Le t'ién est honoré en pleine campagne, en hiver. Shang-ti l'est comme un roi dans la grande salle d'honneur du palais. A lui seul le sacrifice suprême et le recours dans les calamités. Enfin le but du sacrifice offert au ciel est d'en faire descendre les esprits pour en recevoir secours et protection.

Si, après cela, quelqu'un peut encore soutenir que *Shang-ti* et le T'ien étaient un même être et que le culte des anciens Chinois s'adressait au ciel matériel, il nous permettra, sans doute, de dire que le souci du vrai n'est pas sa préoccupation principale.

Mais ceci se trouve dans l'*I-li* et comme ce livre n'a jamais été traduit ni en tout, ni en partie, on comprend qu'il est inaccessible aux plus doctes hagiographes comparateurs.

DE HARLEZ.

www.ingramcontent.com/pod-product-compliance
Lightning Source LLC
Chambersburg PA
CBHW051351060726
47596CB00005B/1877